Pop Art Notizbuch

Notizbuch mit 4 mm Linien und viel Pop Art Grafik

Kurt Heppke

Bibliografische Information der Deutschen Nationalbibliothek:
Die Deutsche Nationalbibliothek verzeichnet diese Publikation in
der Deutschen Nationalbibliografie; detaillierte bibliografische
Daten sind im Internet über http://dnb.dnb.de abrufbar.

Herstellung und Verlag: BoD – Books on Demand, Norderstedt

ISBN: 978-3-7562-0985-9

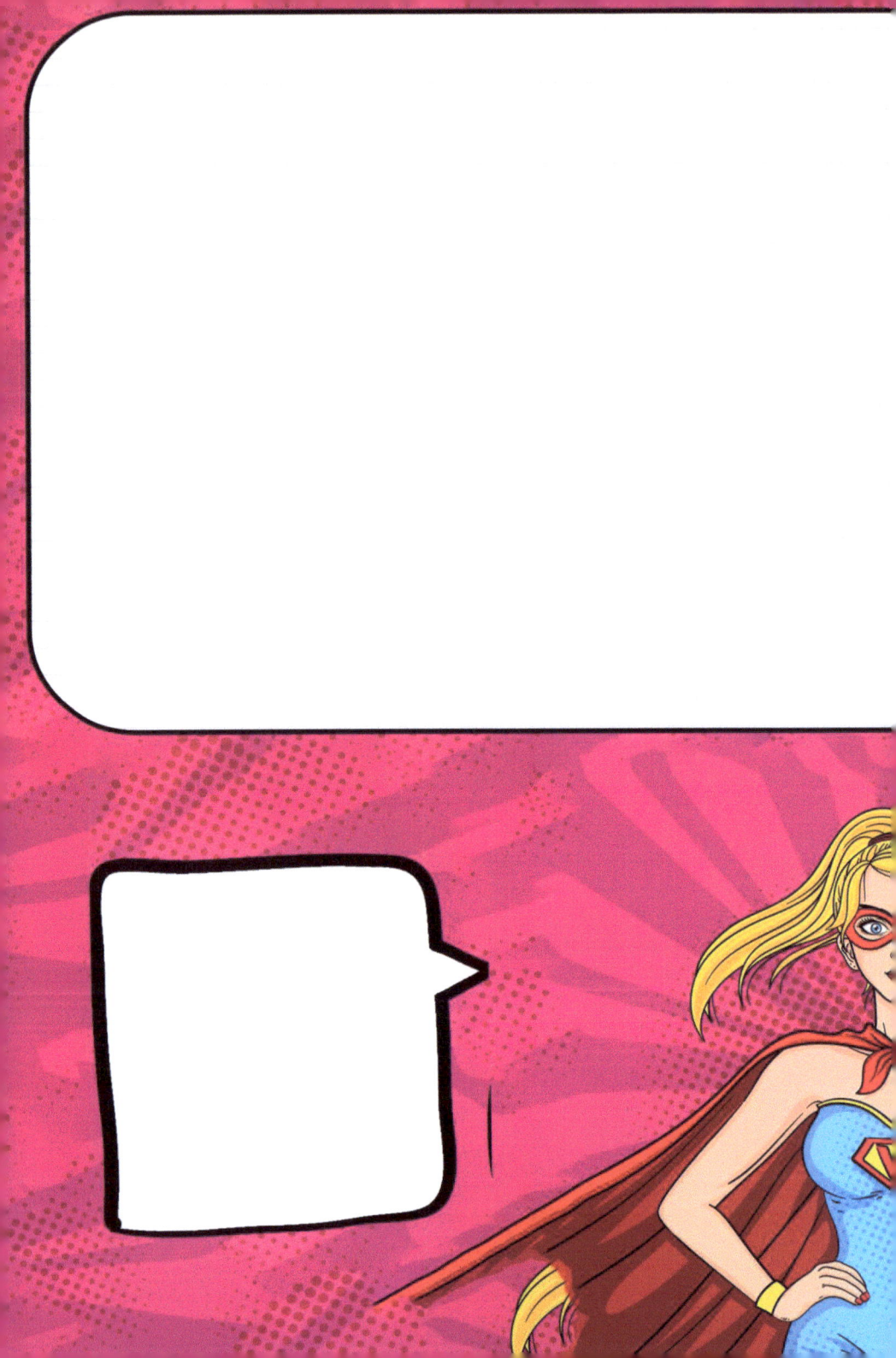

This Book Belongs

Mehr von mir können Sie hier finden:
https://www.kurtheppke.com/

Mehr von mir können Sie hier finden: https://www.kurtheppke.com/